AF500328

AUX HOMMES IMPARTIAUX.

AUX

HOMMES IMPARTIAUX

SUR LES

ATTAQUES

DONT L'EMPIRE D'HAÏTI ET LES HAÏTIENS

ONT ÉTÉ L'OBJET.

PARIS.

CHARPENTIER, LIBRAIRE-ÉDITEUR,

Palais-National,

GALERIE D'ORLÉANS, 16.

—

1850.

AUX HOMMES IMPARTIAUX.

Il y a peu de temps qu'ayant lu, dans plusieurs journaux français qui ont habituellement un ton grave, les railleries les plus outrées contre mon pays, j'eus l'idée d'y répondre en prouvant que le plus populaire des poëtes avait bien raison quand il disait :

> Le Fabricateur souverain
> Nous créa besaciers tous de même manière,
> Tant ceux du temps passé que du temps d'aujourd'hui :
> Il fit pour nos défauts la poche de derrière,
> Et celle de devant pour les défauts d'autrui.
>
> (La Fontaine, liv. I, fab. 7.)

En exerçant ce droit de légitime défense, je n'avais pas oublié ce que l'étranger doit toujours à un peuple dont il est l'hôte et qui est renommé pour son hospitalité. Je m'étais donc exprimé avec cette modération qu'il convient toujours d'observer, même quand on répond aux attaques les moins modérées; et j'espérais, à cause de cela, que mon article serait accueilli avec bienveillance par les journaux auxquels je l'aurais envoyé.

Je l'adressai, sous forme de lettre, à la rédaction de *la Presse*, qui consentit à le publier lorsqu'il y aurait de la place dans le journal. Je dois reconnaître que la circonstance ne m'était pas favorable : la Cour de Versailles venait de rendre son verdict, et tous les journaux politiques devaient tenir à le publier au plus tôt. Mais comme je désirais que mon article parût avant le départ du packet des Antilles, qui était très-prochain, je le repris et l'apportai aux *Débats*, où je trouvai le même obstacle. Enfin, n'ayant pas pu atteindre mon but avant le départ du packet, je laissai l'article à ce dernier journal, dans l'espérance qu'il pourrait y être inséré prochainement; mais cet espoir ne s'étant pas réalisé, je me suis déterminé à une publication en brochure.

J'ai dû persister d'autant plus à faire paraître cette défense, que, depuis qu'elle a été écrite, les mêmes attaques contre mon pays n'ont pas cessé. Loin de là, plusieurs journaux, et notamment *la Presse*, ont reproduit des articles on ne peut plus violents publiés aux États-Unis contre les Haïtiens. Il y en a un surtout, extrait du *New-York Herald*, dont il convient de faire ressortir la malveillance et les grossières impostures.

D'abord, je ferai remarquer que ces provenances de la presse américaine sont généralement, à l'égard des Haïtiens, d'une hostilité qui va jusqu'à l'absurde. On doit peu s'en étonner quand on se rappelle qu'elles sont élaborées dans une prétendue *République chrétienne qui a près de trois millions d'esclaves*, et où le préjugé de couleur, cette négation du christianisme et de la vraie démocratie, est plus en honneur au dix-neuvième siècle que ne l'était en Europe le préjugé de naissance, lorsque le noble se glorifiait de ne pas savoir écrire, *attendu son titre de noble*.

Pour revenir au *New-York Herald*,

ce journal, après avoir représenté les Haïtiens comme de véritables barbares, affirme bien positivement que l'empereur d'Haïti ne sait ni lire ni écrire : eh bien, quand je lus cette affirmation, j'envoyai à plusieurs Français distingués que je connais et qui m'avaient parlé de l'article du *New-York Herald*, un passe-port que j'ai ici en ce moment et qui m'a été délivré par l'empereur Faustin, alors président de son pays; et je ne saurais dire le dégoût que ces hommes honorables ont éprouvé pour nos calomniateurs, à la vue de la signature nette et ferme du chef d'Haïti apposée au bas de mon passe-port.

Le même journal avait aussi affirmé, en bon anglais peut-être, mais à coup sûr avec une compétence bien sujette à caution, *que les journaux d'Haïti s'étaient constitués, à l'égard des lois de la grammaire française, dans l'indépendance la plus absolue*. Or, voyez comme cette nouvelle assertion a encore eu du bonheur : on l'a publiée juste dans un moment où le journal officiel d'Haïti a pour rédacteur en chef un Haïtien, M. Thomas Madiou, qui a fait d'excellentes études au collége d'Angers et à qui l'Université de France a accordé le diplôme de bachelier ès-lettres : voilà donc le *New-York Herald* meilleur juge, en fait de langue française, que l'Université de France elle-même.

Enfin, tout récemment (le 6 février 1850), j'ai lu dans *la Presse* un autre article américain où l'on dit que la flotte dominicaine a battu celle des Haïtiens et que l'empereur Faustin a étendu la loi du monopole : eh bien, des lettres d'Haïti du 8 janvier apportées par le dernier packet, disent positivement le contraire, et annoncent surtout que la loi du monopole a été rapportée.

Pourquoi montrer si peu d'impartialité quand il s'agit d'un pays qui mériterait plutôt d'inspirer de l'intérêt par ses malheurs? Pourquoi tant préconiser l'Union américaine, malgré la honteuse lèpre de l'esclavage qui la ronge, et déprécier les Haïtiens, au lieu de leur venir en aide par des conseils bienveillants? On oublie donc que c'est la civilisation de l'Angleterre qui a fait surtout la prospérité de l'Union, c'est-à-dire que, quand cette République se constitua, elle avait toute la sagesse, les lumières et les ressources matérielles qu'une grande métropole communique d'ordinaire à ses colonies, tandis que les Haïtiens n'avaient reçu de la France que l'esclavage! On oublie que, dès le commencement de leur lutte avec l'Angleterre, tout a été favorable aux Américains; que la puissante épée de la France, abrégeant pour eux la durée de la guerre, leur permit de reprendre plus tôt l'œuvre d'une civilisation qui était déjà aussi avancée que celle de la mère-patrie avant leur indépendance, et à laquelle des milliers d'Européens sont venus annuellement concourir en se faisant naturaliser parmi eux (1)! Rien de

(1) On ne manquera pas, sans doute, de dire : « C'est vous qui avez refusé le concours des étran- « gers, en les repoussant de votre sol par votre légis-

tout cela dans l'émancipation des Haïtiens : point de lumières reçues de la mé-

« lation empreinte de ce préjugé de couleur dont « vous vous plaignez. » Voilà l'éternelle objection de l'Europe contre nous; et, tout récemment, j'ai entendu reprocher au nouveau gouvernement d'Haïti l'article de notre constitution qui ne permet pas même à l'étranger d'être propriétaire d'immeubles dans notre pays.

D'abord, je dirai que le gouvernement actuel d'Haïti n'a fait qu'accepter un héritage que lui ont légué ses devanciers; ensuite je demanderai aux hommes politiques qui nous font ce reproche, s'ils ont oublié combien il est difficile quelquefois d'opérer certaines réformes qui semblent pourtant commandées par les progrès de la civilisation. Malheureusement, l'article dont il s'agit ici est de ce nombre : qu'on lise notre histoire, et on le comprendra. En effet, depuis la découverte de notre pays, l'étranger ne lui a guère fait que du mal. Les Espagnols ont détruit totalement les aborigènes d'Haïti; ensuite, eux encore, en premier lieu, et puis les Français y ont apporté l'esclavage et cet affreux préjugé de couleur qui en est la conséquence. Enfin, en 1802, une ex-

tropole, qui, au contraire, les maintenait avec soin dans l'ignorance; nul allié puissant, pas même un Lafayette ou un Byron généreux qui épouse une cause juste par amour de la justice : des esclaves et des affranchis, avec Dieu seul pour soutien, voilà tout. Est-il donc étonnant que les

pédition formidable fut envoyée contre nous par la France; et ceux qui la dirigèrent commirent, au sein d'une population très-impressionnable et peu oublieuse, des atrocités qui ne recommandaient guère la civilisation européenne. On nous fit une guerre de couleur, et c'est pourquoi notre législation ne rappelle que trop cette déplorable erreur du gouvernement consulaire. En même temps, la France consacrait ce préjugé dans ses lois en interdisant l'entrée de son territoire à toute personne noire ou de couleur des deux sexes. Notre article contre les étrangers ne fut donc que la loi du talion bien adoucie. Mais, je me hâte de le dire, la France, depuis longtemps, a réformé une mesure qui n'était que l'effet des circonstances, et nous avons maintenu la nôtre.

Haïtiens fassent encore des fautes et commettent des excès, quand, sous ce rap-

Cependant il ne faut pas oublier que nous sommes environnés de pays où l'esclavage est pour ainsi dire endémique comme certains fléaux dans d'autres contrées : nous avons tout près de nous Cuba, Porto-Rico et un peu plus loin les Etats-Unis, toutes sociétés où le noir et l'homme de couleur sont comme le paria dans l'Inde. Néanmoins, j'exprime un vœu qui n'est qu'un hommage rendu à cette justice dont tous les peuples doivent faire la base de leurs institutions : c'est que les Haïtiens, dans leurs lois, donnent au monde la preuve qu'ils sont exempts de tout préjugé *en traitant chaque peuple comme ils sont traités, eux, chez ce peuple.* Ainsi, par exemple, point de droits civils, point de faculté de naturalisation aux Américains et aux autres peuples qui ont des esclaves, ou chez qui les hommes de couleur et les noirs ne peuvent pas être absolument les égaux des blancs, excepté aux abolitionnistes qui font partie de ces peuples. Enfin la plus entière réciprocité envers les nations étrangères, avec les modifications, d'ailleurs, que commande une politique non de passion, mais de prudence et d'intérêt national. Voilà mon vœu

port, il y a tant à redire à ce qui se passe chez les peuples les plus civilisés? Ah! loin que mes compatriotes méritent l'épithète de *barbares* qu'un préjugé haineux a pu seul leur appliquer, j'affirme plutôt, tant la modération leur est naturelle, qu'aucun peuple n'est plus susceptible de cette vertu qui caractérise par excellence l'espèce humaine, et à laquelle, pour cette raison, on a donné le nom d'*humanité*.

Mais je m'aperçois que ma préface devient plus longue que l'ouvrage pour lequel elle est écrite. Je m'arrête et prie le lecteur de vouloir bien me pardonner

d'Haïtien sincèrement désireux du bonheur de sa patrie et du triomphe de ce grand principe de *l'égalité des races*, une des plus saintes vérités que l'Evangile ait révélées au monde.

l'ennui que j'ai pu lui causer en me laissant aller à défendre une patrie qui m'est d'autant plus chère, que ses ennemis affectent de dire qu'elle est destinée, comme les trois peuples héroïques dont la ruine toute récente émeut encore les deux mondes (1), à périr bientôt par la discorde et les excès. Cette sinistre prophétie ne se réalisera pas, et n'aura d'autre effet que de rappeler aux Haïtiens qu'ils doivent abjurer toute haine civile et s'unir étroitement, attendu qu'il y a dans leur voisinage des peuples qui se réjouissent de leurs divisions, dans l'espérance qu'elles détruiront infailliblement cette glorieuse nationalité qui a tant coûté à nos pères.

(1) Les Polonais, les Italiens et les Hongrois.

A Monsieur le Rédacteur du Journal
la Presse.

Monsieur,

J'ai lu dans votre numéro du 7 de ce mois un petit article extrait du *Journal du Hâvre*, et qui se termine par un nouveau sarcasme contre l'empire d'Haïti. Vraiment, je croyais ce sujet épuisé, et je m'attendais peu, je l'avoue, à ce que l'esprit français, ordinairement si délicat et si fécond, dût s'appesantir tout un long mois sur un thème qu'on semble heureux d'avoir reçu du Nouveau-Monde, comme si la railleric manquait de matière en Europe. Je dois pourtant le reconnaître, Monsieur, votre journal est un de ceux qui ont tout d'abord désapprouvé ces plaisanteries de mauvais goût; et c'est pour cela que je viens vous prier de vouloir bien y faire insérer les quelques lignes que voici :

Je n'aurais été nullement surpris que *le Charivari* et les autres journaux qui vivent de facéties se fussent donné carrière contre l'empereur d'Haïti; car, quel homme d'État de l'Europe, si éminent qu'il ait été par son caractère et son mérite, a jamais pu trouver grâce devant cet aréopage dont l'unique souci est de provoquer le rire, à bon droit ou à tort? Qui ne se rappelle, par exemple, les milliers de caricatures et de lazzi qui ont paru, dans le temps, contre l'ex-roi Louis-Philippe? Ce qui n'a pas empêché que *cette tête de poire*, comme on l'appelait, n'ait été une des plus fortes qui aient dirigé les destinées de la France.

Ainsi donc, rien de plus naturel que les journaux qui se consacrent spécialement à faire rire leurs lecteurs, s'acquittent bien ou mal de cette tâche; mais, ce dont il est permis de s'étonner, c'est que des feuilles sérieuses, telles que *le Siècle*, *le Journa ldu Hâvre* et *l'Illustration*, puissent dépouiller leur caractère pour donner aussi dans la farce.

Il y a bien longtemps qu'on a demandé, à propos de la cour du roi Christophe, si le duc de *Limonade* était plus ridicule que le duc de *Bouillon* ou le prince d'*Orange;* mais ily a plus : c'est que les Français qui font ces plaisanteries, ignorent sans doute que tous les noms étranges dont ils se moquent tant, ont été donnés aux différentes parties de l'île d'Haïti par les anciens possesseurs de ce pays, c'est-à-dire par des Français. Et l'on doit dire, à la décharge de ceux-ci, qu'ils suivaient assez en cela les errements de la métropole : que de dénominations bizarres, en effet, dans les diverses provinces de la France! N'avez-vous pas *Quimper-Corentin*, *Baccarat*, *Brives-la-Gaillarde*, *Carcassonne*, *Tarare*, *Quintin*, *Pantin*, *Coucouron, etc.*? Et Paris, cette capitale du monde civilisé, l'étranger ne sourit-il pas tous les jours en lisant aux angles de ses rues les noms gracieux de *Vide-Gousset*, *Jean-Pain-Mollet*, *Chat-qui-Pêche*, *Femme-sans-tête*, *Chopinette*, *Clopin*, *Cocatrix*, *etc.*?

Mais parlons de la noblesse française, et commençons par un des noms les plus illustres, celui des rois qui ont si longtemps régné en France. Que veut dire, je vous prie, le mot de *Bourbons*, et d'où vient-il? D'après l'histoire, c'est au duché de *Bourbon* ou de la *Bourbe* que remonte cette antique et vénérable qualification : or, je le demande à l'impartialité du lecteur, est-il plus singulier d'être appelé duc de *Trou-Bonbon*, que duc de la *Bourbe*, c'est-à-dire de la *Boue?* Et le sire de *Coucy*, non moins célèbre par sa vaillance que par le désastre qu'il valut à la tragédie de Voltaire, tombée sous la plaisanterie de *Couci-Couci?* Et le noble maréchal *Lannes*, dont personne assurément n'est tenté de rire, pas plus que du maréchal *Ney*, ou des généraux *Lanusse*, *Richepanse*, de l'abbé de *l'Epée*, du cardinal de la *Luzerne*, du prince de *Poix*, *etc.*?

Maintenant, si je passe à la première République française, à défaut de nobles, n'aurai-je pas, en parcourant la liste des fonctionnaires publics, qui sont la noblesse d'un Etat républicain, —car, on a beau faire, l'aristocratie est inséparable de tout système de gouvernement, — n'aurai-je pas, dis-je, le ministre de la police *Cochon*, et le commissaire *Rapinat*, lequel, par parenthèse, donna lieu de demander en Suisse, où il remplissait sa mission, si *Rapinat* venait de *rapine* ou *rapine* de *Rapinat?*

Enfin, si je m'arrête devant la République de 1848 que j'honore beaucoup, bien que, jusqu'à présent, le pays où il y a le plus de vraie liberté soit une monarchie, et celui où l'on compte le plus d'esclaves, et où l'esclavage est le plus dur, soit une démocratie appelée *République modèle*, ne trouverai-je pas, en ce moment, parmi les fonctionnaires publics français, M.r le *Maire d'Eu*, et M.rs les Représentants de *l'Aisne* et de la *Vilaine? Le Siècle*, *l'Illustration*, et *le Journal du Hâvre* ne devraient donc point se moquer si fort d'un pays qui n'a pas le bonheur de compter quatorze siècles d'existence comme la France, et qui est parti héroïquement de l'esclavage, il n'y a pas encore cinquante ans, pour prendre rang parmi les nations.

Nous dirons, en outre, à *l'Illustration* que son correspondant américain l'a singulièrement mystifié en lui envoyant les charges grotesques qu'il a publiées pour donner à ses lecteurs une idée de la cour d'Haïti : l'empereur Faustin est un fort bel homme; les traits de sa figure, surtout, sont remarquablement réguliers, et il y a beaucoup d'Européens qui les lui envieraient. Les ministres Salomon et Francisque ont aussi une figure régulière et bien proportionnée. Quant à l'impératrice d'Haïti, elle a, comme la plupart des femmes de son pays, de très-beaux yeux, et sa physionomie est caractérisée par le mélange de la bonté et de l'énergie. J'ajouterai que cette expression est conforme à la vérité; car, plus d'une fois, l'impératrice a fait les plus nobles efforts pour arrêter l'effusion du sang dans ce malheureux et beau pays.

Je terminerai cet article, Monsieur, par une réflexion sérieuse. Selon *le Journal du Hâvre* lui-même, qui, je n'en doute pas, doit accueillir avec intérêt tout ce qui est favorable au commerce, *les affaires reprenaient à Haïti, les cafés descendaient de la campagne,* et la COLONIE, pour me servir de l'expression étrange employée par ce journal, *jouissait de la plus parfaite tranquillité.* Enfin, *la nouvelle Constitution impériale fonctionnait.* Il est donc positif que l'état de ce pays s'améliore, et que ses habitants, après avoir eu le malheur de passer par les discordes civiles, comme cela est arrivé récemment à presque tous les peuples de l'Europe, comprennent enfin que l'union, l'ordre et le travail sont les vrais moyens de salut et de prospérité pour une nation. On assure, en outre, que l'empereur Faustin s'occupe sérieusement d'un projet d'amnistie où les exigences de l'humanité se concilieront avec celles d'une sage politique (1); ce qui permettra à une foule d'Haïtiens qui ont émigré, par peur de l'anarchie, dans les îles voisines, et qui sont en proie à tout ce que l'exil et l'adversité ont de plus amer, de revenir dans le sein de leurs familles, et d'augmenter la production du pays, en reprenant l'exploitation de leurs propriétés abandonnées. Eh bien, Monsieur, si la nouvelle forme de gouvernement adoptée par les Haïtiens amène déjà de pareils résultats; si cette jeune société, après avoir langui pendant longtemps sous un prétendu système républicain qui n'était qu'un mensonge, venait à

(1) Plusieurs journaux de Paris ont déjà parlé de ce projet.

prospérer avec des institutions plus conformes à ses mœurs et à ses véritables besoins, croyez-vous que les journaux des peuples les plus avancés en civilisation, et particulièrement ceux qui ont pris pour tâche d'être utiles au commerce, auraient à s'applaudir beaucoup de toutes les railleries qu'ils ont prodiguées à la nouvelle cour d'Haïti ?

Agréez, etc.

(Un Haïtien.)

Paris, le 14 février 1850.

Paris. — Imp. de Pommeret et Moreau, quai des Augustins, 17.

www.ingramcontent.com/pod-product-compliance
Ingram Content Group UK Ltd.
Pitfield, Milton Keynes, MK11 3LW, UK
UKHW012308240726
13966UKWH00004B/1725

9 782012 482371